# BEI GRIN MACHT SICH IHR WISSEN BEZAHLT

# Lev Manovichs Konzept der Kulturanalytik anhand des Projektes "Selfiecity"

Sebastian Just

**Bibliografische Information der Deutschen Nationalbibliothek:**

Die Deutsche Nationalbibliothek verzeichnet diese Publikation in der Deutschen Nationalbibliografie; detaillierte bibliografische Daten sind im Internet über http://dnb.d-nb.de abrufbar.

ISBN: 9783346827678
Dieses Buch ist auch als E-Book erhältlich.

© GRIN Publishing GmbH
Nymphenburger Straße 86
80636 München

Druck und Bindung: Books on Demand GmbH, Norderstedt Germany
Gedruckt auf säurefreiem Papier aus verantwortungsvollen Quellen

Das vorliegende Werk wurde sorgfältig erarbeitet. Dennoch übernehmen Autoren und Verlag für die Richtigkeit von Angaben, Hinweisen, Links und Ratschlägen sowie eventuelle Druckfehler keine Haftung.

Das Buch bei GRIN: https://www.grin.com/document/1334621

Humboldt-Universität zu Berlin

Institut für Musikwissenschaft und Medienwissenschaft

Modul 3: Politiken des Medialen

Die Geschichte von Big Data

Sommersemester 2022

# Lev Manovichs Konzept der
# Kulturanalytik anhand des Projektes „Selfiecity"

Sebastian Just

Masterstudiengang Medienwissenschaft

2. Semester

Abgabedatum: 06. Januar 2023

# Inhalt

# 1. Einleitung

Ob auf Instagram, Facebook oder Pinterest – scrollt man in den sozialen Netzwerken durch die von den Plattformen vorgeschlagenen Beiträge, ist es schwer, nicht auf eines der Millionen Selfies zu stoßen, die Smartphone-Nutzer täglich aufnehmen und veröffentlichen.[1] Während die digitalen Selbstporträts für die meisten Menschen womöglich schon lange zu einem festen Teil ihres vernetzten Lebens geworden sind, sehen manche Forscher in ihnen die Möglichkeit, mehr über lokale Kulturen und Gesellschaften zu erfahren. So begann im Dezember 2013 ein interdisziplinär aufgestelltes Team um den russisch-amerikanischen Medientheoretiker und Künstler Lev Manovich damit, Hunderttausende von Selfies zu analysieren, die Nutzer aus fünf Großstädten binnen einer Woche auf Instagram hochgeladen hatten. Das Projekt mit dem Namen „Selfiecity" entstand im Rahmen des von Manovich im Jahr 2007 begründeten Forschungsgebiets der Kulturanalytik (engl.: *Cultural Analytics*), dessen Ziel es ist, mit Hilfe von moderner Computertechnologie kulturelle Daten zu analysieren und zu visualisieren. Manovichs Forschung kann – ähnlich wie die Digital Humanities oder die Sozioinformatik – als Phänomen des „Computational Turn" betrachtet werden, welcher Ende des 20. Jahrhunderts dafür sorgte, dass die Geisteswissenschaften vermehrt auf computergestützte Methoden und Analysen setzten. Im Fokus der Kulturanalytik liegen dabei nicht nur Daten digitalen Ursprungs, wie beispielsweise Fotos oder Videos aus den sozialen Netzwerken, sondern auch analoge Medien jeglicher Art; so analysierte und visualisierte das von Manovich ins Leben gerufene Forschungslabor Software Studies Initiative bisher neben Selfies auch schon Gemälde, Magazincover und Manga-Seiten.

Ziel dieser Arbeit ist es, Lev Manovichs Forschung im Bereich der Kulturanalytik anhand des von ihm koordinierten Projektes „Selfiecity" genauer zu betrachten. Dazu möchte ich zunächst kurz auf die Entstehungsgeschichte der Kulturanalytik eingehen, wobei sowohl der „Computational Turn" in den Geisteswissenschaften als auch der Aufstieg der sozialen Medien in den 2000er-Jahren im Fokus stehen soll. Anschließend möchte ich mich in Hinblick auf „Selfiecity" näher mit dem Internetphänomen Selfie beschäftigen – sowohl aus soziokultureller als auch aus historischer Perspektive. Als Nächstes möchte ich das Vorgehen rund um das Projekt „Selfiecity" im Detail betrach-

---

[1] Im Jahr 2014 nahmen allein Android-Nutzer zusammen täglich über 93 Millionen Selfies auf (Google: *Google I/O 2014 – Keynote* [Video], 25.06.2014, https://www.youtube.com/watch?v=wtLJPvx7-ys, 00:06:56, abgerufen am 12.12.2022).

ten, indem ich den Prozess der Datenerhebung, der Analyse sowie die anschließende Visualisierung rekonstruieren werde. Danach möchte ich die Ergebnisse des Projektes einordnen sowie die wissenschaftliche Bedeutung des Projektes bewerten. Schließlich werde ich mich der Frage widmen, ob Kultur tatsächlich anhand von in sozialen Netzwerken generierter „Big Social Data" analysiert werden kann – und was diese Daten wirklich über uns und unsere Gesellschaft aussagen.

## 2. Die Entstehung der Kulturanalytik

In the world in which digital media is created by a few billion rather than by a few thousand, like it was twenty-five years ago, we need to reinvent what it means to study culture.[2]

Wie Manovich in seinem Buch *Cultural Analytics* schreibt, spielte er bereits 2005 mit dem Gedanken, digitale Kultur – das heißt sowohl digitalisierte historische Artefakte als auch zeitgenössische digitale Medien – mit Hilfe von moderner Computertechnologie zu untersuchen.[3] Sein Ziel war es dabei, Praktiken aus den Digital Humanities und der Sozioinformatik zu kombinieren, um ein neuartiges Forschungsgebiet zu etablieren, mit dem die „astonishing scale of digital cultures"[4] in ihrem vollen Umfang analysiert werden kann.

Die Digital Humanities haben ihren Ursprung in den 1950er-Jahren und beschreiben im weitesten Sinne die methodische Ergänzung der Geisteswissenschaften um computergestützte, rechnende Verfahren. Im Zuge des „Computational Turns" erweiterte sich das Forschungsgebiet der Digital Humanities auf viele Bereiche; so umfasst es heute unter anderem die Digitalisierung literarischer, historischer oder archäologischer Quellen, quantitative Textanalyse und digitale Kunstgeschichte. Das Gebiet der Sozioinformatik ist hingegen deutlich jünger und beinhaltet eine Vielzahl von Disziplinen, die sich mit der Analyse und dem Design von Informations- und Kommunikationssystemen in ihrem sozialen Kontext befassen.[5] Während den kulturellen Datenbeständen im analogen Zeitalter noch enge Grenzen gesetzt waren, erkannte Manovich, dass die voranschreitende Digitalisierung nahezu die gesamte Kultur für die wissenschaftliche For-

---

[2] Manovich, Lev: *Cultural Analytics*, Cambridge: MIT Press 2020, S. 18.

[3] Ebd., S. 1.

[4] Ebd.

[5] Zu den Digital Humanities und der Sozioinformatik siehe Manovich, Lev: „Cultural Analytics, Social Computing and Digital Humanities", in: *The Datafied Society: Studying Culture Through Data*, hrsg. v. Mirko Tobias Schäfer und Karin van Es, Amsterdam: Amsterdam University Press 2017, S. 56-57.

schung zugänglich macht. Für ihn war es entscheidend, Kultur nicht nur anhand von wenigen professionellen künstlerischen Artefakten zu untersuchen, sondern auch die gesamte Bandbreite der Online-Inhalte zu berücksichtigen, die alltäglich von „dedicated non-professionals"[6] erstellt werden. Durch den rasanten Aufstieg von Plattformen wie Facebook und Flickr schienen die Geisteswissenschaften nun dazu in der Lage, in ihrer Forschung der Diversität der menschlichen Kultur gerecht zu werden.

Doch warum ein neues Forschungsgebiet begründen, wenn sowohl die Vergangenheit (Erforschung historischer Artefakte durch die Digital Humanities) als auch die Gegenwart (Erforschung der Netzkultur durch die Sozioinformatik) bereits wissenschaftlich erschlossen scheint? Wie Manovich betont, liegt die Besonderheit der Kulturanalytik darin, nicht nur literarische Texte oder soziale Netzwerke zu untersuchen, sondern Medien jeglicher Art.[7] Bei der Untersuchung kultureller Datensätze nutzt die Kulturanalytik außerdem vermehrt Visualisierungen und Simulationen anstelle von Zahlen, um so ein besseres Verständnis für die Vielfalt der Kultur zu schaffen.[8] Anders als die Sozioinformatik berücksichtigt die Kulturanalytik dabei auch geografische und – in neueren Arbeiten – demografische Faktoren.

In der von vollständiger Mobilität, Ubiquität und Verknüpfung geprägten „post-2005 stage"[9] ist die computergestützte Datenanalyse, wie sie die Kulturanalytik anwendet, unabdinglich, um kulturelle Zusammenhänge und Muster zu identifizieren. Anstatt sich nur auf wenige Datenstichproben zu beziehen, werden mittels Computertechnologie enorme, unüberschaubare Datenmengen („Big Data") gesammelt, die anschließend digital ausgewertet werden. Dadurch, dass die Kulturanalytik die Daten einer möglichst großen Anzahl von Nutzern berücksichtigt, sieht Manovich in ihr das Potential, zu einem „inklusiveren und demokratischeren Verständnis der kulturellen Gegenwart und auch der Kulturgeschichte"[10] zu führen. Die auf „Big Data" basierende Kulturforschung ermöglicht es außerdem, sich auf interessante Phänomene zu konzentrieren, die erst im Laufe der Analyse hervortreten – ein Vorgehen, das auch als „Die Daten sprechen las-

---

[6] Manovich 2017, S. 60.

[7] So beinhaltet die Kulturanalytik laut Manovich zum Beispiel auch die Analyse von digitalisierten Speisekarten (Manovich 2020, S. 8).

[8] Ebd., S. 11-12.

[9] Ebd., 19.

[10] Ebd., 9. Eigene Übersetzung.

sen"[11] bezeichnet wird. Wie Manovich anmerkt, kann die Kulturanalytik somit dazu bei-
tragen, etwaige kulturelle Vorurteile oder Stereotypen in den Geisteswissenschaften zu
hinterfragen; im Gegensatz zu der eher selektiven Kulturforschung des vor-digitalen
Zeitalters ist sie „interested in *everything created by everybody*."[12]

Wie auch schon andere Wissenschaftler auf dem Gebiet feststellten, ermöglicht uns
die Forschung mit „Big Data", „Daten in einer noch nie dagewesenen Breite und Tiefe
sowie in einem historisch einmaligen Maßstab zu sammeln und zu analysieren."[13] Manovich selbst spricht in diesem Kontext von einer neuartigen, von Computation ange-
trieben „science of culture"[14], die Einblicke in das gewährt, „was Hunderte von Millionen Menschen auf der ganzen Welt heute erschaffen, sich vorstellen und schätzen."[15]
Online-Plattformen wie Instagram oder Flickr, auf denen Nutzer täglich anhand von Fotos, Videos oder Kommentaren interagieren, sind für Manovich ein „archive in the process of becoming"[16], das der Wissenschaft interessante Erkenntnisse über die menschliche Kultur ermöglicht.

Während die computergestützte Erforschung der Netzkultur anfangs noch größten-
teils Informatikern vorbehalten war, hat die zunehmende Verfügbarkeit von Datenverar-
beitungstools im Laufe der 2010er-Jahre das Feld der Kulturanalytik auch für weniger
computeraffine Wissenschaftler geöffnet.[17] Im Zuge dessen wurde 2016 das *Journal of
Cultural Analytics* gegründet, das bis heute bereits mehr als 130 interdisziplinäre Artikel
zur computergestützten und quantitativen Untersuchung von kulturellen Objekten, Pro-
zessen und Akteuren enthält.

Was die Kulturanalytik im Rahmen ihrer Forschungsprojekte an computergestützter
Datenanalyse anwendet, wird von privaten Technologieunternehmen schon länger prak-

---

[11] Siehe zum Beispiel Cukier, Kenneth und Viktor Mayer-Schönberger: „The Rise of Big Data: How It's
Changing the Way We Think About the World", in: *Foreign Affairs*, Band 92, Heft 3 (2013), S. 32, https://
www.jstor.org/stable/23526834, abgerufen am 20.12.2022.

[12] Manovich 2017, 61.

[13] Lazer, David et al.: „Computational Social Science", in: *Science*, Band 323, Heft 5915 (2009), S. 722,
https://tinyurl.com/yxtkgt5u, abgerufen am 20.12.2022. Eigene Übersetzung.

[14] Manovich 2017, S. 63.

[15] Manovich 2020, S. 9. Eigene Übersetzung.

[16] Tifentale, Alise und Lev Manovich: „Selfiecity: Exploring Photography and Self-Fashioning in Social
Media", in: *Postdigital Aesthetics: Art, Computation and Design*, hrsg. v. David M. Berry und Michael
Dieter, Basingstoke: Palgrave Macmillan 2015, S. 117.

[17] Burgess, Jean und Axel Bruns: „Twitter-Archive und die Herausforderungen von ‚Big Social Data' für
die Medien- und Kommunikationswissenschaft", in: *Big Data: Analysen zum digitalen Wandel von Wissen, Macht und Ökonomie*, hrsg. v. Ramón Reichert, Bielefeld: Transcript 2014, S. 195.

tiziert. Nehmen wir beispielsweise ein Foto mit unserem Smartphone auf, ermittelt das Gerät oft automatisch die darauf abgebildete Umgebung und die Objekte. Auch die Websuche stützt sich auf ausgefeilte Rechenanalysen, um den Nutzern möglichst relevante Ergebnisse zu liefern. So stellt Manovich fest: „Computational analysis of media artifacts and user interactions is what enables [...] operations that form the 'vocabulary' of digital culture."[18]

# 3. Das Projekt „Selfiecity"

## 3.1 Das Phänomen Selfie

„Selfies [sind] die gegenwärtige Form steinzeitlicher Höhlenkunst"[19] – diese von Kristina Steimer aufgestellte Behauptung legt nahe, dass dem Internetphänomen Selfie eine größere gesellschaftlich-kulturelle Bedeutung beigemessen werden muss, als zuerst angenommen. Während der Duden den Begriff „Selfie" lediglich als ein „mit der Digitalkamera (des Smartphones oder Tablets) meist spontan aufgenommenes Selbstporträt einer oder mehrerer Personen"[20] definiert, sehen die meisten Forscher die entscheidende Eigenheit des Selfies darin, dass es nach der Aufnahme in den sozialen Netzwerken geteilt wird. Ein weiteres wichtiges Merkmal des Selfies sind die mit dem Foto verknüpften Metadaten, wie automatisch generierte Geo-Tags, vom Nutzer hinzugefügte Hashtags oder spätere Interaktionen wie Kommentare oder „Gefällt mir"-Angaben.

Um die Bedeutung des digitalen Selbstporträts näher zu untersuchen, startete Manovich Ende 2013 – kurz nachdem das Wort „Selfie" vom Oxford Dictionary zum „Word of the Year" gekrönt wurde – das Projekt „Selfiecity".[21] Dabei waren insbesondere die geografischen Metadaten des Selfies von Bedeutung, da diese eine Zuordnung der gesammelten Fotos zu bestimmten Orten ermöglichten. So konnte das Team auf regionaler Ebene untersuchen, wie Menschen mit Hilfe des Selfies ihre Online-Identität konstruieren und gleichzeitig ihre Zugehörigkeit zu einer bestimmten Gemeinschaft zum Ausdruck bringen.

---

[18] Manovich 2020, S. 2.

[19] Hein, Till und Kristina Steimer: „Wird der Hype um Selfies bald wieder abflauen? Philosophin: ‚Nein, Selfies antworten auf ein Grundbedürfnis'", in: *St. Galler Tagblatt*, 29.05.2021, tinyurl.com/4upz3he6, abgerufen am 21.12.2022.

[20] „Selfie", in: *Duden Online*, o. D., tinyurl.com/2s427b68, abgerufen am 21.12.2022.

[21] Killingsworth, Silvia: „And the Word of the Year Is...", in: *The New Yorker*, 19.11.2013, https://www.newyorker.com/culture/culture-desk/and-the-word-of-the-year-is, abgerufen am 21.12.2022.

Der von Edgar Cruz und Eric T. Meyer als „fifth moment of photography"[22] bezeichnete Aufstieg der Smartphone-Fotografie verlangt laut Manovich neue, radikalere Formen der Datenanalyse und -interpretation.[23] Durch das Smartphone – welches in seiner Rolle als Metamedium auch als eine mit dem Internet verbundene Kamera fungiert, die nicht nur die Erstellung, sondern auch den sofortigen Austausch von Fotos ermöglicht – hat sich die Fotografie in den letzten zwei Jahrzehnten zunehmend zu einer soziokulturellen Praxis entwickelt. Besonders deutlich wird dies beim Selfie, dessen Hauptzweck darin liegt, mit anderen Menschen geteilt zu werden. Das Internetphänomen ist in der sozialwissenschaftlichen Forschung bereits vielfältig diskutiert worden; so wird es unter anderem als Mittel zur Selbstdarstellung, als Form der bildlichen Kommunikation, aber auch als Phänomen einer zunehmend narzisstischen Gesellschaft beschrieben.[24] Laut Jens Ruchatz hat es dabei den Anschein, dass „das Interesse des Selfie-Diskurses eher in der Praxis des Fotografierens von sich selbst […] liegt als in den daraus resultierenden Fotos."[25] Unter anderem wird die Selfie-Fotografie auch mit der Theorie des US-amerikanischen Soziologen Erving Goffmans in Verbindung gesetzt, dass der Mensch in seinen Interaktionen mit anderen ständig bemüht ist, ein bestimmtes Bild von sich selbst zu vermitteln.[26] In seinem einflussreichen Buch *The Presentation of Self in Everyday Life* (deutsch: *Wir alle spielen Theater*) stellt Goffman fest, dass wir mit bestimmten Verhaltensweisen, Gesten und anderen Elementen der Körpersprache stetig versuchen, unsere Rolle in der Gesellschaft zu definieren und zu kommunizieren.[27] Dabei ist entscheidend, dass die „soziale Identität" eines jeden unweigerlich vom Publikum bestimmt wird. Folgt man Goffmans Theorie, dann ist das Selfie nicht Ausdruck dessen,

---

[22] Cruz, Edgar und Eric T. Meyer: „Creation and Control in the Photographic Process: iPhones and the Emerging Fifth Moment of Photography", in: *Photographies*, Band 5, Heft 2 (2012), S. 217, https://papers.ssrn.com/sol3/papers.cfm?abstract_id=2130489, abgerufen am 23.12.2022.

[23] Tifentale und Manovich 2015, S. 120.

[24] Wortham, Jenna: „My Selfie, Myself", in: *The New York Times*, 19.10.2013, https://www.nytimes.com/2013/10/20/sunday-review/my-selfie-myself.html, abgerufen am 26.12.2022; Herbe, Ann-Christin und Markus Appel: „Medienforscher Appel: ‚Narzissmus und Social Media in selbstverstärkender Spirale'", in: *Deutsche Welle*, 21.11.2018, https://tinyurl.com/y2j2nbvn, abgerufen am 26.12.2022.

[25] Ruchatz, Jens: „Selfie Reflexivity: Pictures of People Taking Photographs", in: *Exploring the Selfie: Historical, Theoretical, and Analytical Approaches to Digital Self-Photography*, hrsg. v. Julia Eckel, Jens Ruchatz und Sabine Wirth, Cham: Palgrave Macmillan 2018, S. 49. Eigene Übersetzung.

[26] Siehe zum Beispiel Hagen, Wolfgang: *Neudasein. Essays zur sozialen Epistemologie der Smartphone-Fotografie*, Berlin: Kulturverlag Kadmos 2021, S. 146.

[27] Goffman, Erving: *Wir alle spielen Theater: Die Selbstdarstellung im Alltag*, übers. v. Peter Weber-Schäfer, München: Piper 2003 [1959], S. 228.

was wir sind, sondern dessen, was wir sein wollen; es ist Teil eines Schauspiels, und das soziale Netzwerk ist die Bühne.

In Anbetracht der Diskussion darüber, ob Selfie-Fotos als Kunst bezeichnet werden können, geht Manovich davon aus, dass die digitalen Selbstporträts in ihrer Rolle als prägende visuelle Form des frühen 21. Jahrhunderts schon bald in Museen zu sehen sein werden.[28] Tatsächlich wurden Selfies in der Vergangenheit bereits in einigen Kunstmuseen ausgestellt; so zum Beispiel 2013 in der Videoausstellung National #Selfie Portrait Gallery im Rahmen der Messe für zeitgenössische Kunst „Moving Image" in London. Folgt man den Leitgedanken der Kulturanalytik, ist die Frage ohnehin nicht von Belang, da das Forschungsgebiet nicht zwischen professioneller Kunst und alltäglicher „Nicht-Kunst" unterscheidet.[29]

## 3.2 Datenerhebung und -analyse

Um „Selfiecity" in die Tat umzusetzen, sammelten Manovich und sein Team in Zusammenarbeit mit Grip, dem damals größten Anbieter von „Big Social Data", zunächst sämtliche Instagram-Fotos, die in der Woche vom 5. bis 11. Dezember 2013 im Zentrum von New York City, Bangkok, Moskau, Sao Paolo und Berlin gepostet wurden. Von diesen insgesamt 656.000 Fotos – damals hatte Instagram nur ein Zehntel der heutigen Nutzerzahl – wurden anschließend 120.000 (20.000-30.000 pro Stadt) zufällig ausgewählt.

Für die erste Datenanalyse verwendete das Team die Crowdsourcing-Website Amazon Mechanical Turk, auf welcher Online-Arbeiter für Unternehmen sogenannte HITs („Human Intelligence Tasks") erfüllen. Dazu wurde den „Crowdworkern" lediglich die Frage gestellt: „Zeigt dieses Foto ein einzelnes Selfie?".[30] Nachdem alle Fotos überprüft worden waren, wurden jeweils 1000 Fotos aus jeder Stadt, die mindestens zwei Arbeiter als Selfies identifiziert hatten, an höher qualifizierte Mechanical-Turk-Arbeiter weitergeschickt. Diese hatten nicht nur die Aufgabe, erneut zu prüfen, ob das Foto ein einzelnes Selfie zeigt, sondern sollten auch das Geschlecht und das Alter der abgebildeten Person schätzen. Anschließend überprüften ein oder zwei Mitglieder des Projektteams all diese Fotos noch einmal manuell. Um die Visualisierungen vergleichbar zu machen,

---

[28] Tifentale und Manovich 2015, S. 120.

[29] Manovich 2020, S. 17.

[30] Tifentale und Manovich 2015, S. 111.

beschloss das Team, die Anzahl der Fotos der Städte gleich zu halten; so besteht der endgültige Datensatz aus 640 Selfies pro Stadt, das heißt aus insgesamt 3200 Fotos.

Die verbleibenden Selfie-Fotos wurden schließlich mit Hilfe einer (zu diesem Zeitpunkt) hochmodernen Gesichtsanalyse-Software des KI-Unternehmens Orbeus analysiert. Das Programm ermittelte über 20 Messwerte, darunter die Größe und Ausrichtung des Gesichts, den emotionalen Ausdruck und das Vorhandensein einer Brille. Die Position der Augen, der Nase und des Mundes wurde von der Software durch algorithmische Schätzung bestimmt. Auch das Alter sowie das Geschlecht der abgebildeten Personen wurde im Laufe der Gesichtsanalyse erneut ermittelt; dabei zeigte sich, dass die Schätzungen des Geschlechts im Allgemeinen mit den Schätzungen der Mechanical-Turk-Arbeiter übereinstimmten, während die Altersschätzungen deutlich abwichen.[31]

Manovichs „Selfiecity"-Projekt wurde letztendlich nicht ausschließlich mit computergestützter Technologie durchgeführt, da menschliche „Crowdworker" die erste Stufe der Datenanalyse übernahmen. Dabei ist es fraglich, ob das Team sich bewusst für den Einsatz von menschlichem Urteilsvermögen entschieden hat, auch wenn es damals nicht notwendig gewesen wäre. Beim heutigen Stand der Technik wäre es zweifellos möglich, ein Projekt wie „Selfiecity" vollständig von Computern durchführen zu lassen.

### 3.3 Visualisierung

The ability to explore collections of cultural data and information, see patterns at different scales, confront our stereotypes, and make discoveries [...] is the reason that visualization is as important for cultural analytics as statistics and data science.[32]

Um die Ergebnisse der Datenanalyse so übersichtlich und informativ wie möglich darzustellen, nutzte das „Selfiecity"-Team keine bloßen Zahlen oder Texte, sondern multimediale Formen der Visualisierung. Auf der eigens für das Projekt entwickelten Website selfiecity.net können die ausgewerteten Selfie-Datensätze anhand von dreiminütigen „Blended Video Montages", konfigurierbaren „Imageplots", Histogrammen sowie dem interaktiven Tool „Selfiexploratory" eingesehen werden. Kreative Visualisierungen sind für Manovich essentiell, um „Big Social Data" sichtbar zu machen.[33] Besonders das

---

31 Zur Datenanalyse mit der Orbeus-Software siehe Tifentale und Manovich 2015, S. 111-112.
32 Manovich 2020, S. 184.
33 Ebd., 10.

Foto ist für ihn „eine ganze Welt, reich an Bedeutungen, Emotionen und visuellen Mustern"[34] – und kann deshalb nicht in Form von Zahlen dargestellt werden.

Bei den „Blended Video Montages" handelt es sich um fünf kurze Videos – eines für jede Stadt –, in denen jeweils 640 Selfies in schneller Abfolge und mit einem Überblendeffekt hintereinander abgespielt werden. Indem nicht jedes Gesicht einzeln, aber auch nicht alle Gesichter gleichzeitig gezeigt werden, soll diese Form der Visualisierung dem Betrachter gleichzeitig ein Muster und individuelle Details vermitteln.[35]

Die konfigurierbaren „Imageplots" zeigen insgesamt 1125 Selfies, angeordnet in fünf Quadraten von jeweils 15x15 Fotos. Über anklickbare Felder kann der Nutzer entscheiden, ob die im Quadrat dargestellten Selfies in einem einheitlichen 90-Grad-Winkel gedreht oder auf die Gesichter der Personen zugeschnitten werden sollen. Die darunter liegenden Histogramme veranschaulichen sowohl die Geschlechts- und Altersverteilung in den fünf Städten als auch die identifizierten Gesichtsausdrücke (zum Beispiel ein Lächeln) der Personen auf den Selfies. Da die Histogramme aus einzelnen Selfies zusammengesetzt sind, bieten auch sie laut Manovich die Möglichkeit, das Zusammenspiel zwischen dem Individuellen und dem Allgemeinen zu erforschen.[36]

Das „Selfiexploratory" ist das Herzstück des Projekts und ermöglicht es einem, den kompletten Datensatz, bestehend aus 3840 Selfies, zu untersuchen.[37] Mit Hilfe verschiedener Filter –- darunter Demografie, Pose, Gesichtszüge und Emotionen – können sich die Nutzer ihren Weg durch den Datendschungel bahnen.[38] Dabei kombiniert die Anwendung die Ergebnisse der computergestützten Gesichtsanalyse mit den Einschätzungen der „Crowdworker"; die Metadaten zu Geschlecht und Alter der Personen beruhen auf menschlichen Annahmen, während der Rest von der Software ermittelt wurde.

Die im Rahmen des Projekts gesammelten und analysierten Datensätze wurden jedoch nicht nur ausschließlich im Internet präsentiert. 2015 gestalteten Manovich und sein Team für die Ausstellung „Big Bang Data" im Londoner Somerset House einen Bereich zu „Selfiecity", in dem die Besucher auf einem großen Touchscreen durch eine um 640 Londoner Selfies erweiterte Version des „Selfiexploratory" steuern konnten.

---

[34] Tifentale und Manovich 2015, S. 112. Eigene Übersetzung.
[35] Ebd.
[36] Ebd., 113.
[37] Das „Selfiexploratory" beinhaltet zusätzlich noch 640 Selfies aus London, deshalb sind es insgesamt 3840 und nicht 3200.
[38] Eine Testsuche nach glücklichen Frauen über 25 Jahren in Berlin lieferte zum Beispiel 140 Ergebnisse.

## 3.4 Ergebnisse und Bedeutung

„Selfiecity" war nicht Manovichs erstes Projekt, in dem er sich mit der Analyse von Instagram-Fotos beschäftigte. Bereits 2012 untersuchte seine Software-Studien-Initiative im Rahmen des Projektes „Phototrails" mit Hilfe von Computertechnologie 2,3 Millionen Fotos aus dem sozialen Netzwerk, wobei jedoch nicht der Inhalt, sondern lediglich die farbliche Zusammensetzung der Fotos Gegenstand der Analyse war.

In „Selfiecity" setzten es sich Manovich und sein Team zum Ziel, sich nur auf eine Art von Instagram-Beitrag zu konzentrieren: das einzelne Selfie. Entscheidend war dabei, dass nicht die visuellen Eigenschaften der Fotos, sondern die darauf abgebildeten Personen analysiert werden sollten. Durch die Auswertung und Visualisierung der Daten erhoffte sich das Team, verschiedenen Fragen nachgehen zu können: Wie unterscheiden sich Selfies in verschiedenen Kulturräumen – oder sind sie sich doch alle ähnlich? Wie tragen Selfies zum individuellen „Branding" auf Instagram bei? Führt die Leichtigkeit des Aufnehmens, Bearbeitens und Teilens von Fotos zu mehr ästhetischer Vielfalt oder zu mehr Wiederholung und Uniformität? Können wir die Kulturanalytik nutzen, um über individuelle Perspektiven hinauszuschauen und stattdessen größere Muster zu erkennen, die gängigen Annahmen widersprechen?

In den auf selfiecity.net veröffentlichten „Findings" fassen Manovich und sein Team zusammen, was sie anhand ihrer Datenanalyse herausfinden konnten. So stellten sie beispielsweise fest, dass nur 3 bis 5 Prozent der von ihnen gesammelten Fotos tatsächlich Selfies waren – deutlich weniger als vermutet. Weitere Erkenntnisse der Projektarbeit waren unter anderem, dass deutlich mehr Frauen Selfies machen als Männer, dass Selfies eher von jüngeren Menschen aufgenommen werden, dass in Bangkok und Sao Paulo auf Selfies mehr gelächelt wird und dass Frauen den Kopf auf Selfies im Durchschnitt stärker neigen als Männer.[39] Bei der manuellen Auswertung der gesammelten Fotos fiel dem Forschungsteam außerdem auf, dass viele Selfies vor einem Spiegel aufgenommen wurden.[40] Da diese Erkenntnis jedoch auf der Analyse des Bildhintergrundes – und nicht der abgebildeten Person – basierte, ist sie nicht offiziell in den „Findings" angegeben. Auch im „Selfiexploratory" ist es nicht möglich, den Spiegel als Suchkriterium auszuwählen.

---

[39] Für die Ergebnisse des Projektes siehe Tifentale und Manovich 2015, S. 115-116.
[40] Ebd., S. 118-119.

Der Medienwissenschaftler Wolfgang Hagen bezeichnet die von Manovich und seinem Team aufgestellten „Findings" in seinem Buch *Neudasein* als „nicht eben vielsagend"[41]. Tatsächlich werfen die im Rahmen des Projektes ermittelten Ergebnisse die Frage auf, inwieweit sie wissenschaftliche Aufschlüsse über die Kulturen der untersuchten Regionen zulassen. Manovich selbst stellt in einem Interview zur Ausstellung „Big Bang Data" zwar die Theorie auf, dass die Menschen auf den Londoner Selfies deshalb am wenigsten lächeln, weil sie in ihrem Alltag „mit Herausforderungen wie steigenden Immobilienpreisen und hart umkämpften Arbeitsmärkten"[42] konfrontiert sind (und schafft so eine Korrelation zwischen den mit Hilfe von Software identifizierten Gesichtszügen der abgebildeten Personen und dem emotionalen Zustand der Londoner Bevölkerung). Viel weiter geht die Theoretisierung der Ergebnisse seitens des Forschungsteams jedoch nicht. Die Arbeit an „Selfiecity" ist dem geisteswissenschaftlichen Bereich der – wie John Unsworth sie nennt – „scholarly primitives" zuzuordnen; das bedeutet, dass Daten lediglich gesammelt, kommentiert, verglichen und veranschaulicht – nicht jedoch interpretiert werden.[43] Viel mehr sieht sich „Selfiecity" als „departure point"[44], mit dessen Daten weiterführende Forschungen in verschiedenen Bereichen betrieben werden können. So schreibt beispielsweise die Medientheoretikerin Elizabeth Losh in einem Artikel zu dem Projekt: „[I]n browsing the image sets, I did find Selfiecity useful in providing evidence for a number of important ideas in my own articulation of theories of media ecologies"[45]. Auffällig ist jedoch, dass Losh in ihrer Diskussion der von „Selfiecity" untersuchten Selfies zumeist nicht auf die abgebildeten Personen, sondern auf die Bildhintergründe und die fotografischen Medien (zum Beispiel das Smartphone) eingeht. Da diese Faktoren nicht mit in die computergestützte Datenanalyse einbezogen wurden, müssen Forscher, die sich für sie interessieren, die Selfies manuell nach ihnen absuchen. Aus soziologischer und kommunikationswissenschaftlicher Sicht sind wiederum die quantitativen Ergebnisse zu Emotionen und Gesichtszügen interessant, da diese Aufschlüsse über das Selfie als Mittel der zwischenmenschlichen Kommunikation

---

[41] Hagen 2021, S. 148.

[42] Stewart, Rebecca: „Grimstagram: Londoners post the world's ‚most miserable' selfies", in: *The Drum*, 02.12.2015, https://tinyurl.com/3j55wvdb, abgerufen am 30.12.2022. Eigene Übersetzung.

[43] Unsworth, John: „Scholarly Primitives: What methods do humanities researchers have in common, and how might our tools reflect this?", in: *Humanities Computing: Formal Methods, Experimental Practice* [Symposium], London, 13.05.2000, https://tinyurl.com/5xf9bsda, abgerufen am 30.12.2022.

[44] Tifentale und Manovich 2015, S. 120.

[45] Losh, Elizabeth: „Beyond Biometrics: Feminist Media Theory Looks at Selfiecity", in: *Selfiecity*, 2014, S. 7, https://tinyurl.com/2d58bdav, abgerufen am 30.12.2022.

zulassen. Theoretisch ist es jedoch nicht nur für die Wissenschaft, sondern auch für profitorientierte Unternehmen möglich, die im „Selfiexploratory" einsehbaren Zusammenhänge zu ihrem Vorteil zu verwenden – zum Beispiel für Werbezwecke.

Kenneth Cukier und Viktor Mayer-Schönberger schreiben mit Blick auf die Frage, warum sich die wissenschaftliche Forschung bei der Arbeit mit „Big Data" oft nur auf die „scholarly primitives" beschränkt, Folgendes:

> Of course, knowing the causes behind things is desirable. The problem is that causes are often extremely hard to figure out, and many times, when we think we have identified them, it is nothing more than a self-congratulatory illusion. Behavioral economics has shown that humans are conditioned to see causes even where none exist. So we need to be particularly on guard to prevent our cognitive biases from deluding us […].[46]

Was Manovich in dem Interview zur Ausstellung „Big Bang Data" tut, nämlich mit Hilfe von „Big Data" identifizierte Phänomene auf eine regionale Entwicklung – in diesem Fall auf die angespannte Arbeits- und Wohnungssituation in London – zurückzuführen, obwohl es für den Zusammenhang keine Belege gibt, ist ein mögliches Beispiel für das, was Mayer-Schönberger in Anlehnung an den Mathematiker Karl Pearson als „Scheinkorrelation" bezeichnet.[47] Schließlich ist es durchaus möglich, dass es verschiedene andere Gründe dafür gibt, warum die Personen in den untersuchten Londoner Selfies weniger lächeln als die Personen aus den anderen fünf Städten – vor allem, wenn man das Selfie als Teil eines Schauspiels im Sinne Goffmans und als Wunsch der Zugehörigkeit zu einer bestimmten Gruppe versteht.[48]

# 5. Forschen mit „Big Social Data"

Soziale Netzwerke wie Instagram, Twitter oder Facebook, die teilweise Milliarden von Nutzern verzeichnen, eröffnen der Wissenschaft den Zugang zu riesigen, unüberschaubaren Datenmengen – sogenannter „Big Social Data". Im Zuge eines regelrechten „Datenrausches"[49] wird „Big Data" häufig als ideales wissenschaftliches Forschungsinstrument angesehen, das den Anschein erweckt, „authentisch und originell, objektiv, vorin-

---

[46] Cukier und Mayer-Schönberger 2013, S. 32.

[47] Siehe Mayer-Schönberger, Viktor: „Big Data – Eine Revolution, die unser Leben verändern wird", in: *Bundesgesundheitsblatt – Gesundheitsforschung – Gesundheitsschutz*, Band 58, Heft 8 (2015), S. 790, https://link.springer.com/article/10.1007/s00103-015-2180-z, abgerufen am 31.12.2022.

[48] Vielleicht war es in London Ende 2013 im Trend, auf Selfies nicht zu lächeln.

[49] Saran, Samir: „The Great 21st Century Data Rush", in: *Samir Saran*, 04.07.2016, https://samirsaran.com/2016/07/04/the-great-21st-century-data-rush/, abgerufen am 02.01.2023.

terpretierend und unparteiisch"[50] zu sein. In ihrem viel zitierten Text „Critical Questions for Big Data" beschreiben Danah Boyd und Kate Crawford diese Entwicklung als mythologischen Glauben an eine „höhere Form der Intelligenz und des Wissens"[51], begleitet von einer „Aura der Wahrheit, der Objektivität und der Genauigkeit"[52].

Dies wirft die bereits viel diskutierte Frage auf, wie geeignet „Big Social Data" für die wissenschaftliche Forschung wirklich ist. Eine wichtige Eigenschaft dieser Art von Daten besteht beispielsweise darin, dass sie immer im sozioökonomischen Kontext der Plattform untersucht werden müssen, auf der sie erhoben wurden. So stammen die im Rahmen von „Selfiecity" analysierten Fotos von Instagram-Nutzern aus den zentralen Bereichen von fünf Großstädten, die im Zeitraum vom 5. bis 11. Dezember 2013 auf der Plattform aktiv waren. Menschen auf Instagram sind durchschnittlich jünger (16 bis 29 Jahre) und gehören einer Einkommensklasse an, die ihnen den Kauf eines Smartphones oder Tablets sowie die Bezahlung von Internetgebühren ermöglicht.[53] Hinzu kommt, dass auch das Leben im Zentrum einer Großstadt nicht für alle Menschen bezahlbar ist.

Darüber hinaus muss berücksichtigt werden, dass im Verhältnis zur Gesamtbevölkerung der Großstädte nur ein Bruchteil überhaupt auf Instagram aktiv ist – und dass von den damals rund 150 Millionen Nutzern viele nie selbst Beiträge veröffentlicht haben.[54] Auch die in den letzten Jahren stark gestiegene Zahl von Instagram-Bots – also computergesteuerten, nicht-menschlichen Nutzerprofilen – könnte für Projekte wie „Selfiecity" zum Problem werden, da diese unter anderem durch selfieähnliche Fotos vorgeben, echte Menschen zu sein.[55] Fraglich ist außerdem, ob auf Beiträge von privaten Instagram-Konten zugegriffen werden kann, oder ob diese aus der Analyse ausgeschlossen sind.

---

[50] Edmond, Jennifer et al.: *The Trouble With Big Data: How Datafication Displaces Cultural Practices*, London: Bloomsbury Publishing 2022, S. 41. Eigene Übersetzung.

[51] Boyd, Danah und Kate Crawford: „Critical Questions for Big Data: Provocations for a Cultural, Technological, and Scholarly Phenomenon", in: *Information, Communication & Society*, Band 15, Heft 5 (2012), S. 663, https://infovis.fh-potsdam.de/readings/boyd2012.pdf, abgerufen am 02.01.2023. Eigene Übersetzung.

[52] Ebd. Eigene Übersetzung.

[53] Zum Alter der Instagram-Nutzer siehe Die Medienanstalten und GIM: „Medienintermediäre transparent: Wahrnehmung, Erreichbarkeit und Verständlichkeit von Transparenzangaben bei Medienintermediären", 25.07.2022, S. 37, https://tinyurl.com/2s37564j, abgerufen am 02.01.2023.

[54] Zur Anzahl der Nutzer siehe Rusli, Evelyn M.: „Instagram Reaches 150 Million Active Users", in: *The Wall Street Journal*, 08.09.2013, https://tinyurl.com/bdzan6bw, abgerufen am 02.01.2023. Für Instagram liegen keine Daten über den Anteil der aktiven Nutzer vor, die selbst nie etwas posten – bei Twitter sind es, Stand 2011, jedoch über 40% („One hundred million voices", in: *Twitter* [Blog], 08.09.2011, https://blog.twitter.com/official/en_us/a/2011/one-hundred-million-voices.html, abgerufen am 02.01.2023).

[55] Zu Instagram-Bots siehe Albergotti, Reed und Sarah Kuranda: „Instagram's Growing Bot Problem", in: *The Information*, 18.07.2018, https://tinyurl.com/4y5zczy8, abgerufen am 02.01.2023.

Das Thema Datenschutz spielt bei der Forschung mit „Big Social Data" ebenfalls eine wichtige Rolle. So sind auf der „Selfiecity"-Website 3840 unzensierte Selfies für jeden mit Internetzugang einsehbar, obwohl die darauf abgebildeten Personen dafür nie ihr Einverständnis gegeben haben. Wie Boyd und Crawford betonen, bedeutet die Tatsache, dass Beiträge öffentlich sind, nicht, dass jeder das Recht hat, sie zu analysieren und darzustellen.[56] Online-Daten entstehen oft in sehr kontextsensitiven Umgebungen – und Forscher sollten davon ausgehen, dass die meisten Nutzer ihre Zustimmung zu einer Analyse oder Visualisierung verweigern würden.

Jennifer Edmond et al. sehen das Problem der Forschung mit „Big Social Data" zudem darin, dass die Nutzer der sozialen Netzwerke nicht mehr als Menschen, sondern lediglich als unbekannte Datenproduzenten wahrgenommen werden. In ihrem Buch *The Trouble With Big Data* schreiben sie diesbezüglich:

> Human beings are not perceived as individuals in a holistic way, but in their partial existence as producers of data or money. Out of this homogenizing force results an indifference towards meaningful particularities of a given world, an insensitivity towards cultural differences and an incapacity for the evaluation of uncertain, hazardous and conflicting information.[57]

Andererseits ist es wichtig, dass man die Nutzer von Instagram, Twitter und anderen Plattformen nicht mit der Menschheit an sich gleichsetzen darf. Online-Daten, wie zum Beispiel Selfie-Fotos, haben immer einen gewissen Ursprungskontext und sind Teil von plattformspezifischen Zusammenhängen, die in der Forschung nicht berücksichtigt werden. Der Literaturwissenschaftler Gerhard Lauer stellt diesbezüglich fest: „Daten sind eben noch keine Informationen, und Informationen brauchen eine Struktur, die sich wiederum nicht aus den Daten ableiten lässt."[58] Und auch David M. Berry merkt an, dass den in „Big Data" enthaltenen Informationen die „ordnende Kraft der Philosophie fehlt."[59]

Ferner sind Projekte wie „Selfiecity" auf Regionen beschränkt, die sowohl Zugang zum Internet als auch zu Plattformen wie Instagram haben. Führt man kulturanalytische Studien in Ländern mit autoritären Regimen durch, muss man außerdem berücksichti-

---

[56] Boyd und Crawford 2012, S. 672.
[57] Edmond et al. 2022, S. 60.
[58] Lauer, Gerhard: „Die digitale Vermessung der Kultur. Geisteswissenschaften als Digital Humanities", in: *Big Data: Das neue Versprechen der Allwissenheit*, hrsg. v. Heinrich Geiselberger und Chris Anderson, Berlin: Suhrkamp 2013, S. 111.
[59] Berry, David M.: „The Computational Turn: Thinking About the Digital Humanities", in: *Culture Machine*, Band 12, Heft 1 (2011), S. 8, https://tinyurl.com/3mdk9hv7, abgerufen am 03.01.2023.

gen, dass die dortigen Menschen mit hoher Wahrscheinlichkeit nur Beiträge posten, die keine negativen Konsequenzen für sie haben werden.

Die Forschung mit „Big Social Data" hat dennoch auch einige Vorteile: So profitieren Projekte wie „Selfiecity" unter anderem von der Tatsache, dass alle Instagram-Nutzer dieselbe Applikation mit denselben Metadaten (zum Beispiel Ort und Datum), denselben Filtern und sogar derselben Bildgröße verwenden. Die große Anzahl von Nutzern ermöglicht zudem umfangreiche Stichproben, welche mit Hilfe von sich stetig weiterentwickelnden Technologien, wie zum Beispiel neuronalen Netzen oder Deep-Learning-Algorithmen, ausgewertet werden können. Grundsätzlich sollte bei der Forschung jedoch stets im Hinterkopf behalten werden: „Little can be learned from big data without big thinking."[60]

# 6. Schluss

Lev Manovichs Konzept der Kulturanalytik hat seinen Ursprung in den 2000er-Jahren und kombiniert Praktiken der Digital Humanities und der Sozioinformatik, indem es sich sowohl mit historischen Artefakten als auch mit zeitgenössischer digitaler Kultur befasst. Ziel der kulturanalytischen Forschung ist es, mit Hilfe digitaler Computertechnologie kulturelle Daten zu sammeln, zu analysieren und zu visualisieren, um so die Vielfalt der menschlichen Kultur in ihrem ganzen Spektrum zu erforschen. Besondere Aufmerksamkeit erregten Manovich und sein Forschungslabor Software Studies Initiative in der Vergangenheit vor allem mit Projekten wie „Phototrails" oder „Selfiecity", welche sich mit der Analyse von in sozialen Netzwerken generierter „Big Social Data" beschäftigen. Anhand dieser Projekte erhofft sich das Team, mehr über die „Vorstellungen, Meinungen, Ideen und Gefühle hunderter Millionen von Menschen"[61] zu erfahren.

In „Selfiecity" untersuchten Manovich und sein Team durch den Einsatz menschlicher „Crowdworker" und spezieller Computersoftware 120.000 Instagram-Fotos, die innerhalb einer Woche in fünf Großstädten auf Instagram gepostet wurden. Das Ziel des Projektes bestand darin, durch das Herausfiltern aller Selfie-Fotos aus dem gesammelten Datensatz sowie durch die anschließende computergestützte Analyse und Visualisierung

---

[60] Bail, Christopher: „The Cultural Environment: Measuring Culture With Big Data", in: *Theory & Society*, Band 43, Heft 3-4 (2014), S. 478, https://tinyurl.com/2s3esmdh, abgerufen am 03.01.2023.

[61] Manovich, Lev: „Trending: The Promises and the Challenges of Big Social Data", in: *Debates in the Digital Humanities*, hrsg. v. Matthew K. Gold, Minneapolis: University of Minnesota Press 2012, S. 461. Eigene Übersetzung.

eine wichtige (Daten-)Grundlage für weitere Forschung im Bereich der Netzkultur zu schaffen. Die Arbeit an dem Projekt beschränkte sich im Wesentlichen auf die „scholarly primitives", da – bis auf wenige Ausnahmen – keine Theoretisierung der Ergebnisse seitens des „Selfiecity"-Teams stattfand.

Soziale Netzwerke wie Facebook, Instagram und Twitter bieten Wissenschaftlern Zugang zu Datensätzen von zuvor nie dagewesener Größe. Es ist jedoch entscheidend, „Big Social Data" immer im Verhältnis zu seinem Ursprungskontext zu untersuchen. Im Hinblick auf „Selfiecity" stellt sich außerdem die Frage nach dem Datenschutz, da das Projekt Tausende von Selfies unzensiert und ohne Zustimmung der abgebildeten Personen in verschiedenen Visualisierungen präsentiert. Darüber hinaus ist es fraglich, inwieweit die Ergebnisse der Analyse Rückschlüsse auf regionale Kulturen zulassen, insbesondere unter Berücksichtigung der besonderen soziokulturellen Rolle des Selfie-Phänomens. Experten wie Mayer-Schönberger warnen in diesem Zusammenhang vor „Scheinkorrelationen", da enorm große Datenmengen oft Korrelationen suggerieren, die in alle Richtungen abstrahlen.

Grundsätzlich ist die Kulturanalytik jedoch ein bedeutendes Forschungsfeld, da es mit Hilfe computergestützter „Big Data"-Forschung das sichtbar macht, was ansonsten unsichtbar bleibt. Wie bereits Gerhard Lauer feststellte: „Die digitale Vermessung der Kultur hat soeben begonnen, und wir können sagen, wir sind dabei."[62]

---

[62] Lauer 2013, S. 114.

# Literaturverzeichnis

Albergotti, Reed und Sarah Kuranda: „Instagram's Growing Bot Problem", in: *The Information*, 18.07.2018, https://tinyurl.com/4y5zczy8, abgerufen am 02.01.2023.

Bail, Christopher: „The Cultural Environment: Measuring Culture With Big Data", in: *Theory & Society*, Band 43, Heft 3-4 (2014), https://tinyurl.com/2s3esmdh, abgerufen am 03.01.2023.

Berry, David M.: „The Computational Turn: Thinking About the Digital Humanities", in: *Culture Machine*, Band 12, Heft 1 (2011), https://tinyurl.com/3mdk9hv7, abgerufen am 03.01.2023.

Boyd, Danah und Kate Crawford: „Critical Questions for Big Data: Provocations for a Cultural, Technological, and Scholarly Phenomenon", in: *Information, Communication & Society*, Band 15, Heft 5 (2012), https://infovis.fh-potsdam.de/readings/boyd2012.pdf, abgerufen am 02.01.2023.

Burgess, Jean und Axel Bruns: „Twitter-Archive und die Herausforderungen von ‚Big Social Data' für die Medien- und Kommunikationswissenschaft", in: *Big Data: Analysen zum digitalen Wandel von Wissen, Macht und Ökonomie*, hrsg. v. Ramón Reichert, Bielefeld: Transcript 2014.

Cruz, Edgar und Eric T. Meyer: „Creation and Control in the Photographic Process: iPhones and the Emerging Fifth Moment of Photography", in: *Photographies*, Band 5, Heft 2 (2012), https://papers.ssrn.com/sol3/papers.cfm?abstract_id=2130489, abgerufen am 23.12.2022.

Cukier, Kenneth und Viktor Mayer-Schönberger: „The Rise of Big Data: How It's Changing the Way We Think About the World", in: *Foreign Affairs*, Band 92, Heft 3 (2013), https://www.jstor.org/stable/23526834, abgerufen am 20.12.2022.

Die Medienanstalten und GIM: „Medienintermediäre transparent: Wahrnehmung, Erreichbarkeit und Verständlichkeit von Transparenzangaben bei Medienintermediären", 25.07.2022, https://tinyurl.com/2s37564j, abgerufen am 02.01.2023.

Edmond, Jennifer, Nicola Horsley, Jörg Lehmann und Mike Priddy: *The Trouble With Big Data: How Datafication Displaces Cultural Practices*, London: Bloomsbury Publishing 2022.

Goffman, Erving: *Wir alle spielen Theater: Die Selbstdarstellung im Alltag*, übers. v. Peter Weber-Schäfer, München: Piper 2003 [1959].

Google: *Google I/O 2014 – Keynote* [Video], 25.06.2014, https://www.youtube.com/watch?v=wtLJPvx7-ys, abgerufen am 12.12.2022.

Hagen, Wolfgang: *Neudasein. Essays zur sozialen Epistemologie der Smartphone-Fotografie*, Berlin: Kulturverlag Kadmos 2021.

Hein, Till und Kristina Steimer: „Wird der Hype um Selfies bald wieder abflauen? Philosophin: ‚Nein, Selfies antworten auf ein Grundbedürfnis‘“, in: *St. Galler Tagblatt*, 29.05.2021, tinyurl.com/4upz3he6, abgerufen am 21.12.2022.

Herbe, Ann-Christin und Markus Appel: „Medienforscher Appel: ‚Narzissmus und Social Media in selbstverstärkender Spirale‘“, in: *Deutsche Welle*, 21.11.2018, https://tinyurl.com/y2j2nbvn, abgerufen am 26.12.2022.

Ruchatz, Jens: „Selfie Reflexivity: Pictures of People Taking Photographs“, in: *Exploring the Selfie: Historical, Theoretical, and Analytical Approaches to Digital Self-Photography*, hrsg. v. Julia Eckel, Jens Ruchatz und Sabine Wirth, Cham: Palgrave Macmillan 2018.

Killingsworth, Silvia: „And the Word of the Year Is...“, in: *The New Yorker*, 19.11.2013, https://www.newyorker.com/culture/culture-desk/and-the-word-of-the-year-is, abgerufen am 21.12.2022.

Lauer, Gerhard: „Die digitale Vermessung der Kultur. Geisteswissenschaften als Digital Humanities“, in: *Big Data: Das neue Versprechen der Allwissenheit*, hrsg. v. Heinrich Geiselberger und Chris Anderson, Berlin: Suhrkamp 2013.

Lazer, David, Alex Pentland, Lada Adamic, Sinan Aral, Albert-László Barabási, Devon Brewer, Nicholas Christakis, Noshir Contractor, James Fowler, Myron Gutmann, Tony Jebara, Gary King, Michael Macy, Deb Roy, Marshall Van Alstyne: „Computational Social Science“, in: *Science*, Band 323, Heft 5915 (2009), https://tinyurl.com/yxtkgt5u, abgerufen am 20.12.2022.

Losh, Elizabeth: „Beyond Biometrics: Feminist Media Theory Looks at Selfiecity“, in: *Selfiecity*, 2014, https://tinyurl.com/2d58bdav, abgerufen am 30.12.2022.

Manovich, Lev: *Cultural Analytics*, Cambridge: MIT Press 2020.

Manovich, Lev: „Cultural Analytics, Social Computing and Digital Humanities“, in: *The Datafied Society: Studying Culture Through Data*, hrsg. v. Mirko Tobias Schäfer und Karin van Es, Amsterdam: Amsterdam University Press 2017.

Manovich, Lev: „Trending: The Promises and the Challenges of Big Social Data“, in: *Debates in the Digital Humanities*, hrsg. v. Matthew K. Gold, Minneapolis: University of Minnesota Press 2012.

Mayer-Schönberger, Viktor: „Big Data – Eine Revolution, die unser Leben verändern wird“, in: *Bundesgesundheitsblatt – Gesundheitsforschung – Gesundheitsschutz*, Band 58, Heft 8 (2015), https://link.springer.com/article/10.1007/s00103-015-2180-z, abgerufen am 31.12.2022.

„One hundred million voices", in: *Twitter* [Blog], 08.09.2011, https://blog.twitter.com/official/en_us/a/2011/one-hundred-million-voices.html, abgerufen am 02.01.2023.

Rusli, Evelyn M.: „Instagram Reaches 150 Million Active Users", in: *The Wall Street Journal*, 08.09.2013, https://tinyurl.com/bdzan6bw, abgerufen am 02.01.2023.

Saran, Samir: „The Great 21st Century Data Rush", in: *Samir Saran*, 04.07.2016, https://samirsaran.com/2016/07/04/the-great-21st-century-data-rush/, abgerufen am 02.01.2023.

„Selfie", in: *Duden Online*, o. D., tinyurl.com/2s427b68, abgerufen am 21.12.2022.

Stewart, Rebecca: „Grimstagram: Londoners post the world's ‚most miserable' selfies", in: *The Drum*, 02.12.2015, https://tinyurl.com/3j55wvdb, abgerufen am 30.12.2022.

Tifentale, Alise und Lev Manovich: „Selfiecity: Exploring Photography and Self-Fashioning in Social Media", in: *Postdigital Aesthetics: Art, Computation and Design*, hrsg. v. David M. Berry und Michael Dieter, Basingstoke: Palgrave Macmillan 2015.

Unsworth, John: „Scholarly Primitives: What methods do humanities researchers have in common, and how might our tools reflect this?", in: *Humanities Computing: Formal Methods, Experimental Practice* [Symposium], London, 13.05.2000, https://tinyurl.com/5xf9bsda, abgerufen am 30.12.2022.

Wortham, Jenna: „My Selfie, Myself", in: *The New York Times*, 19.10.2013, https://www.nytimes.com/2013/10/20/sunday-review/my-selfie-myself.html, abgerufen am 26.12.2022.